Gustavo Adolfo Bécquer

Rimas

Reime

Classic Pages

Bécquer, Gustavo Adolfo

Rimas - Reime

Reihe: *classic pages*

ISBN: 978-3-86741-409-8

Auflage: 1
Erscheinungsjahr: 2010
Erscheinungsort: Bremen, Deutschland

© Europäischer Hochschulverlag GmbH & Co KG, Fahrenheitstr. 1, 28359 Bremen (www.eh-verlag.de). Alle Rechte beim Verlag und bei den jeweiligen Lizenzgebern.

Bei diesem Titel handelt es sich um eine Zusammenstellung aller erschienenen Gedichte des Autors, welche zum Teil im Jahre 1871 erstmals veröffentlicht worden.

Rimas

Gustavo Adolfo Bécquer (1836 – 1870)

I.

Yo sé un himno gigante y extraño
que anuncia en la noche del alma una aurora,
y estas páginas son de este himno
cadencias que el aire dilata en las sombras.

Yo quisiera escribirlo, del hombre
domando el rebelde, mezquino idioma,
con palabras que fuesen a un tiempo
suspiros y risas, colores y notas.

Pero en vano es luchar; que no hay cifra
capaz de encerrarlo, y apenas, ¡oh hermosa!
Si, teniendo en mis manos las tuyas,
pudiera, al oído, cantártelo a solas.

II.

Saeta que voladora
cruza, arrojada al azar,
sin adivinarse dónde
temblando se clavará;

hoja del árbol seca
arrebata el vendaval,
sin que nadie acierte el surco
donde a caer volverá;

gigante ola que el viento
riza y empuja en el mar,
y rueda y pasa, y no sabe
qué playa buscando va;

luz que en los cercos temblorosos
brilla, próxima a expirar,
ignorándose cuál de ellos
el último brillará;

eso soy yo, que al acaso
cruzo el mundo, sin pensar
de dónde vengo, ni adónde
mis pasos me llevarán.

III.

Sacudimiento extraño
que agita las ideas,
como huracán que empuja
las olas en tropel;

murmullo que en el alma
se eleva y va creciendo
como volcán que sordo
anuncia que va a arder;

deformes siluetas
de seres imposibles;
paisajes que aparecen
como un través de un tul;

colores que fundiéndose
remedan en el aire
los átomos del Iris
que nadan en la luz

ideas sin palabras
palabras sin sentido;
cadencias que no tienen
ni ritmo ni compás;

memorias y deseos
de cosas que no existen;
accesos de alegría
impulsos de llorar;

actividad nerviosa
que no halla en qué emplearse;
sin rienda que lo guíe
caballo volador;

locura que el espíritu
exalta y enardece
embriaguez divina
del genio creador...
¡Tal es la inspiración!

gigante voz que el caos
ordena en el cerebro,
y entre las sombras hace
la luz aparecer;

brillante rienda de oro
que poderosa enfrena
de la exaltada mente
el volador corcel;

hilo de luz que en haces
lo pensamientos ata;
sol que las nubes rompe
y toca en el cénit;

inteligente mano
que en un collar de perlas
consigue las indóciles
palabras reunir;

armonioso ritmo
que con cadencia y número
las fugitivas notas
encierra en el compás;

cincel que el bloque muerde
la estatua moldeando
y la belleza plástica
añade a la ideal;

atmósfera en que giran
con orden las ideas,
cual átomos que agrupa
recóndita atracción;

raudal en cuyas ondas
su sed la fiebre apaga;
oasis que al espíritu
devuelve con vigor...
¡Tal es nuestra razón!

Con ambas siempre en lucha
y de ambas vencedor,
tan sólo el genio puede
a un yugo atar las dos.

IV.

No digáis que agotado su tesoro,
de asuntos falta, enmudeció la lira:
Podrá no haber poetas; pero siempre
habrá poesía.

Mientras las ondas de la luz al beso
palpiten encendidas;
mientras el sol las desgarradas nubes
de fuego y oro vista;

mientras el aire en su regazo lleve
perfumes y armonías;
mientras haya en el mundo primavera,
¡habrá poesía!

Mientras la ciencia a descubrir no alcance
las fuentes de la vida,
Y en el mar o en el cielo haya un abismo
que al cálculo resista;

mientras la humanidad siempre avanzando,
no sepa a do camina;
mientras haya un misterio para el hombre,
¡habrá poesía!

Mientras sintamos que se alegra el alma
sin que los labios rían;
mientras se llore sin que el llanto acuda
a nublar la pupila;

mientras el corazón y la cabeza
batallando prosigan;
mientras haya esperanzas y recuerdos,
¡Habrá poesía!

Mientras haya unos ojos que reflejen
los ojos que los miran;
mientras responda el labio suspirando
al labio que suspira;

mientras sentirse puedan en un beso
dos almas confundidas;
mientras exista una mujer hermosa,
¡Habrá poesía!

V.

Espíritu sin nombre,
indefinible esencia,
yo vivo con la vida
sin formas de la idea.

Yo nado en el vacío
del sol tiemblo en la hoguera
palpito entre las sombras
y floto con las nieblas.

Yo soy el fleco de oro
de la lejana estrella,
yo soy de la alta luna
la luz tibia y serena.

Yo soy la ardiente nube
que en el ocaso ondea;
yo soy del astro errante
la luminosa estela.

Yo soy nieve en las cumbres,
soy fuego en las arenas,
azul onda en los mares
y espuma en las riberas.

En el laúd soy nota,
perfume en la violeta,
fugas llama en las tumbas
y en las ruinas hiedra.

Yo atrueno en el torrente,
y silbo en la centella
y ciego en el relámpago
y rujo en la tormenta.

Yo río en los alcores
susurro en la alta yerba,
suspiro en la onda pura
y lloro en la hoja seca.

Yo ondulo con los átomos
del humo que se eleva
y al cielo lento sube
en espiral inmensa.

Yo, en los dorados hilos
que los insectos cuelgan
me mezclo entre los árboles
en la ardorosa siesta.

Yo corro tras las ninfas
que en la corriente fresca
del cristalino arroyo
desnudas juguetean.

Yo, en bosque de corales,
que alfombran blancas perlas,
persigo en el océano
las náyades ligeras.

Yo, en las cavernas cóncavas,
do el sol nunca penetra,
mezclándome a los gromos
contemplo sus riquezas.

Yo busco de los siglos
las ya borradas huellas,
y sé de esos imperios
de que ni el nombre queda.

Yo sigo en raudo vértigo
los mundos que voltean,
y mi pupila abarca
la creación entera.

Yo sé de esas regiones
a do rumor no llega,
y donde informes astros
de vida un soplo esperan.

Yo soy sobre el abismo
el puente que atraviesa;
yo soy la ignota escala
que el cielo une a la tierra.

Yo soy el invisible
anillo que sujeta
el mundo de la forma
al mundo de la idea.
Yo soy, en fin, ese espíritu,
desconocida esencia,
perfume misterioso
de que es vaso el poeta.

VI.

Como la brisa que la sangre orea
sobre el oscuro campo de batalla,
cargada de perfumes y armonías
en el silencio de la noche vaga;

símbolo del dolor y la ternura,
del bardo inglés en el horrible drama,
la dulce Ofelia, la razón perdida
cogiendo flores y cantando pasa.

VII.

Del salón en el ángulo oscuro,
de su dueño tal vez olvidada,
silenciosa y cubierta de polvo
veíase el arpa.

¡Cuánta nota dormía en sus cuerdas
como el pájaro duerme en la rama
esperando la mano de nieve
que sabe arrancarlas!

¡Ay! -pensé-, ¡Cuántas veces el genio
así duerme en el fondo del alma,
y una voz, como Lázaro, espera
que le diga: "Levántate y anda"!

Cuando miro el azul horizonte
perderse a lo lejos
a través de una gasa de polvo
dorado e inquieto,
me parece posible arrancarme
del mísero suelo,
y flotar con la niebla dorada
en átomos leves
cual ella deshecho.

Cuando miro de noche en el fondo
obscuro del cielo
las estrellas temblar, como ardientes
pupilas de fuego,
me parece posible a do brillan
subir en un vuelo,
y anegarme en su luz, y con ella
en lumbre encendido
fundirme en un beso

En el mar de la duda en que bogo
ni aún sé lo que creo:
¡Sin embargo, estas ansias me dicen
que yo llevo algo
divino aquí dentro!

Besa el aura que gime blandamente
las leves ondas que jugando riza;
el sol besa a la nube en occidente
y de púrpura y oro la matiza;
la llama en derredor del tronco ardiente
por besar a otra llama se desliza;
y hasta el sauce, inclinándose a su peso,
al río que le besa, vuelve un beso.

VIII.

Los invisibles átomos del aire
en derredor palpitan y se inflaman
el cielo se deshace en rayos de oro
la tierra se estremece alborozada.

Oigo flotando en olas de armonía
rumor de besos y batir de alas,
mis párpados se cierran...¿Qué sucede?
¿Dime?... ¡Silencio!... ¿Es el amor que pasa?

IX.

—Yo soy ardiente, yo soy morena,
yo soy el símbolo de la pasión,
de ansia de goces mi alma está llena.
¿A mí me buscas?
—No es a ti, no.

—Mi frente es pálida, mis trenzas de oro:
puedo brindarte dichas sin fin,
yo de ternuras guardo un tesoro.
¿A mí me llamas?
—No, no es a ti.

—Yo soy un sueño, un imposible,
vano fantasma de niebla y luz;
soy incorpórea, soy intangible:
no puedo amarte.
—¡Oh ven, ven tú!

X.

Porque son, niña, tus ojos
verdes como el mar, te quejas;
verdes los tienen las náyades,
verdes los tuvo Minerva,
y verdes son las pupilas
de las hourís del Profeta.

El verde es gala y ornato
del bosque en la primavera;
entre sus siete colores
brillante el Iris lo ostenta,
las esmeraldas son verdes;
verde el color del que espera,
y las ondas del océano
y el laurel de los poetas.

Es tu mejilla temprana
rosa de escarcha cubierta,
en que el carmín de los pétalos
se ve al través de las perlas.
Y sin embargo,
sé que te quejas
porque tus ojos
crees que la afean,
pues no lo creas.
Que parecen sus pupilas
húmedas, verdes e inquietas,
tempranas hojas de almendro
que al soplo del aire tiemblan.

Es tu boca de rubíes
purpúrea granada abierta
que en el estío convida
a apagar la sed con ella.
    Y sin embargo,
sé que te quejas
porque tus ojos
crees que la afean,
pues no lo creas.
Que parecen, si enojada
tus pupilas centellean,
las olas del mar que rompen
en las cantábricas peñas.

Es tu frente que corona,
crespo el oro en ancha trenza,
nevada cumbre en que el día
su postrera luz refleja.
    Y sin embargo,
sé que te quejas
porque tus ojos
crees que la afean:
pues no lo creas.
Que entre las rubias pestañas,
junto a las sienes semejan
broches de esmeralda y oro
que un blanco armiño sujetan.
    Porque son, niña, tus ojos
verdes como el mar te quejas;
quizás, si negros o azules
se tornasen, lo sintieras.

XI.

Tu pupila es azul, y cuando ríes,
su claridad suave me recuerda
el trémulo fulgor de la mañana
que en el mar se refleja.

Tu pupila es azul, y cuando lloras,
las transparentes lágrimas en ella
se me figuran gotas de rocío
sobre una violeta.

Tu pupila es azul, y si en su fondo
como un punto de luz radia una idea
me parece, en el cielo de la tarde,
¡una perdida estrella!

XII.

Te vi un punto, y, flotando ante mis ojos,
la imagen de tus ojos se quedó,
como la mancha oscura, orlada en el fuego,
que flota y ciega si se mira al sol.

Adondequiera que la vista clavo,
torno a ver tus pupilas llamear;
mas no te encuentro a ti; que es tu mirada:
unos ojos, los tuyos, nada más.

De mi alcoba en el ángulo los miro
desasidos fantásticos lucir;
cuando duermo los siento que se ciernen
de par en par abiertos sobre mí.

Yo sé que hay fuegos fatuos que en la noche
llevan al caminante a perecer:
yo me siento arrastrado por tus ojos
pero a dónde me arrastran, no lo sé.

XIII.

Cendal flotante de leve bruma,
rizada cinta de blanca espuma,
rumor sonoro
de arpa de oro,
beso del aura, onda de luz,
eso eres tú.

Tú, sombra aérea que cuantas veces
voy a tocarte, te desvaneces
como la llama, como el sonido,
como la niebla, como un gemido
del lago azul.

En mar sin playas onda sonante,
en el vacío cometa errante,
largo lamento.
del ronco viento,
ansia perpetua de algo mejor,
Eso soy yo.

¡Yo, que a tus ojos, en mi agonía
los ojos vuelvo de noche y día
yo, que incansable como demente
tras una sombra, tras la hija ardiente
de una visión!

XIV.

Si al mecer las azules campanillas
de tu balcón,
crees que suspirando pasa el viento
murmurador,
sabe que, oculto entre las verdes hojas,
suspiro yo.

Si al resonar confuso a tus espaldas
vago rumor,
crees que por tu nombre te ha llamado
lejana voz,
sabe que, entre las sombras que te cercan
te llamo yo.

Si se turba medroso en la alta noche
tu corazón,
al sentir en tus labios un aliento
abrasador,
sabe que, aunque invisible, al lado tuyo
respiro yo.

XV.

Hoy la tierra y los cielos me sonríen;
hoy llega al fondo de mi alma el sol;
hoy la he visto.., la he visto y me ha mirado...
¡Hoy creo en Dios!

XVI.

Fatigada del baile,
encendido el color, breve el aliento,
apoyada en mi brazo,
del salón se detuvo en un extremo.

Entre la leve gasa
que levantaba el palpitante seno,
una flor se mecía
en compasado y dulce movimiento.

Como cuna de nácar
que empuja al mar y que acaricia el céfiro
tal vez allí dormía
al soplo de sus labios entreabiertos.

¡Oh! ¡Quién así, pensaba,
dejar pudiera deslizarse el tiempo!
¡Oh, si las flores duermen,
qué dulcísimo sueño!

XVII.

Cuando sobre el pecho inclinas
la melancólica frente,
una azucena tronchada
me pareces.

Porque al darte la pureza,
de que es símbolo celeste,
como a ella te hizo Dios
de oro y de nieve.

XVIII.

Sabe, si alguna vez tus labios rojos
quema invisible atmósfera abrasada,
que al alma que hablar puede con los ojos,
también puede besar con la mirada.

XIX.

—¿Qué es poesía? —dices, mientras clavas
en mi pupila tu pupila azul—;
¿Qué es poesía...? ¿Y tú me lo preguntas?
¡Poesía... eres tú!

XX.

¿Cómo vive esa rosa que has prendido
junto a tu corazón?
Nunca hasta ahora contemplé en la tierra
sobre el volcán la flor.

XXI.

Por una mirada, un mundo,
por una sonrisa, un cielo,
por un beso... ¡yo no sé
que te diera por un beso!

XXII.

Dos rojas lenguas de fuego
que a un mismo tronco enlazadas
se aproximan, y al besarse
forman una sola llama.

Dos notas que del laúd
a un tiempo la mano arranca,
y en el espacio se encuentran
y armoniosas se abrazan.

Dos olas que vienen juntas
a morir sobre una playa
y que al romper se coronan
con un penacho de plata.

Dos jirones de vapor
que del lago se levantan,
y al reunirse en el cielo
forman una nube blanca.

Dos ideas que al par brotan,
dos besos que a un tiempo estallan,
dos ecos que se confunden,
eso son nuestras dos almas.

XXIII.

Cuando en la noche te envuelven
las alas de tul del sueño
y tus tendidas pestañas
semejan arcos de ébano,
por escuchar los latidos
de tu corazón inquieto
y reclinar tu dormida
cabeza sobre mi pecho,
diera, alma mía,
cuanto poseo,
la luz, el aire
y el pensamiento!
cuanto se clavan tus ojos
en un invisible objeto
y tus labios ilumina
de una sonrisa el reflejo,
por leer sobre tu frente
el callado pensamiento
que pasa como la nube
del mar sobre el ancho espejo,
diera, alma mía,
cuanto deseo,
la fama, el oro,
la gloria, el genio!

Cuanto enmudece tu lengua
y se apresura tu aliento
y tus mejillas se encienden
y entornas tus ojos negros,
por ver entre sus pestañas
brillar con húmedo fuego
la ardiente chispa que brota
del volcán de los deseos,
diera, alma mía,
por cuanto espero,
la fe, el espíritu,
la tierra, el cielo.

XXIV.

Voy contra mi interés al confesarlo;
no obstante, amada mía,
pienso cual tú que una oda solo es buena
de un billete del banco al dorso escrita.
No faltará algún necio que al oírlo
se haga cruces y diga:
Mujer al fin del siglo diez y nueve
material y prosaica... ¡Boberías!
¡Voces que hacen correr cuatro poetas
que en invierno se embozan con la lira!
¡Ladridos de los perros a la luna!
Tú sabes y yo se que en esta vida,
con genio es muy contado el que la escribe,
y con oro cualquiera hace poesía.

XXV.

Despierta, tiemblo al mirarte:
dormida, me atrevo a verte;
por eso, alma de mi alma,
yo velo cuando tú duermes.

Despierta, ríes y al reír tus labios
inquietos me parecen
relámpagos de grana que serpean
sobre un cielo de nieve.

Dormida, los extremos de tu boca
pliega sonrisa leve,
suave como el rastro luminoso
que deja en sol que muere.
¡Duerme!

Despierta miras y al mirar tus ojos
húmedos resplandecen,
como la onda azul en cuya cresta
chispeando el sol hiere.

Al través de tus párpados, dormida;
tranquilo fulgor vierten
cual derrama de luz templado rayo
lámpara transparente.
¡Duerme!

Despierta hablas, y al hablar vibrantes
tus palabras parecen
lluvia de perlas que en dorada copa
se derrama a torrentes.

Dormida, en el murmullo de tu aliento
acompasado y tenue,
escucho yo un poema que mi alma
enamorada entiende.
¡Duerme!

Sobre el corazón la mano
me he puesto porque no suene
su latido y en la noche
turbe la calma solemne:

De tu balcón las persianas
cerré ya porque no entre
el resplandor enojoso
de la aurora y te despierte.
¡Duerme!

XXVI.

Cuando entre la sombra oscura
perdida una voz murmura
turbando su triste calma,
si en el fondo de mi alma
la oigo dulce resonar,
dime: ¿es que el viento en sus giros
se queja, o que tus suspiros
me hablan de amor al pasar?

Cuando el sol en mi ventana
rojo brilla a la mañana
y mi amor tu sombra evoca,
si en mi boca de otra boca
sentir creo la impresión,
dime: ¿es que ciego deliro,
o que un beso en un suspiro
me envía tu corazón?

Y en el luminoso día
y en la alta noche sombría,
si en todo cuanto rodea
al alma que te desea
te creo sentir y ver,
dime: ¿es que toco y respiro
soñando, o que en un suspiro
me das tu aliento a beber?

XXVII.

Sobre la falda tenía
el libro abierto,
en mi mejilla tocaban
sus rizos negros:
no veíamos las letras
ninguno, creo,
mas guardábamos entrambos
hondo silencio.

¿Cuánto duró? Ni aun entonces
pude saberlo;
sólo sé que no se oía
más que el aliento,
que apresurado escapaba
del labio seco.
Sólo sé que nos volvimos
los dos a un tiempo
y nuestros ojos se hallaron
y sonó un beso.

Creación de Dante era el libro,
era su Infierno.
Cuando a él bajamos los ojos
yo dije trémulo:
¿Comprendes ya que un poema
cabe en un verso?
Y ella respondió encendida:
¡Ya lo comprendo!

XXVIII.

Asomaba a sus ojos una lágrima
y a mis labios una frase de perdón...
habló el orgullo y se enjugó su llanto,
y la frase en mis labios expiró.

Yo voy por un camino, ella por otro;
pero al pensar en nuestro mutuo amor,
yo digo aún: "¿Por que callé aquél día?"
y ella dirá. "¿Por qué no lloré yo?"

XXIX.

Nuestra pasión fue un trágico sainete
en cuya absurda fábula
lo cómico y lo grave confundidos
risas y llanto arrancan.

Pero fue lo peor de aquella historia
que al fin de la jornada
a ella tocaron lágrimas y risas
y a mí, sólo las lágrimas.

XXX.

Pasaba arrolladora en su hermosura
y el paso le dejé,
ni aun mirarla me volví, y no obstante
algo en mi oído murmuró "Esa es".

¿Quién reunió la tarde a la mañana?
Lo ignoro; sólo sé
que en una breve noche de verano
se unieron los crepúsculos y ... "fue".

XXXI.

Es cuestión de palabras, y, no obstante,
ni tú ni yo jamás,
después de lo pasado, convendremos
en quién la culpa está.

¡Lástima que el amor un diccionario
no tenga dónde hallar
cuándo el orgullo es simplemente orgullo
y cuándo es dignidad!

XXXII.

Cruza callada y son sus movimientos
silenciosa armonía;
suenan sus pasos, y al sonar recuerdan
del himno alado la cadencia rítmica.

Los entreabre, aquellos ojos
tan claros como el día,
y la tierra y el cielo, cuando abarcan,
arden con nueva luz en sus pupilas.

Ríe, y su carcajada tiene notas
del agua fugitiva;
llora, y es cada lágrima un poema
de ternura infinita.

Ella tiene la luz, tiene el perfume,
el color y la línea,
la forma, engendradora de deseos,
la expresión, fuente eterna de poesía.

¿Que es estúpida?... ¡Bah!, mientras, callando
guarde obscuro el enigma,
siempre valdrá, a mi ver, lo que ella calla
más que lo que cualquiera otra me lo diga.

XXXIII.

No me admiró tu olvido! Aunque de un día,
me admiró tu cariño mucho más;
porque lo que hay en mí que vale algo
eso... ¡ni lo pudiste sospechar!

XXXIV.

Si de nuestros agravios en un libro
se escribiese la historia,
y se borrase en nuestras almas cuanto
se borrase en sus hojas;

te quiero tanto aún; dejó en mi pecho
tu amor huellas tan hondas,
que sólo con que tú borrases una,
¡las borraba yo todas!

XXXV.

Antes que tú me moriré: escondido
en las entrañas ya
el hierro llevo con que abrió tu mano
la ancha herida mortal.

Antes que tú me moriré: y mi espíritu,
en su empeño tenaz,
sentándose a las puertas de la muerte,
allí te esperará.

Con las horas los días, con los días
los años volarán,
y a aquella puerta llamarás al cabo...
¿Quién deja de llamar?

Entonces que tu culpa y tus despojos
la tierra guardará,
lavándote en las ondas de la muerte
como en otro Jordán.

Allí, donde el murmullo de la vida
temblando a morir va,
como la ola que a la playa viene
silenciosa a expirar.

Allí donde el sepulcro que se cierra
abre una eternidad...
¡Todo lo que los dos hemos callado
lo tenemos que hablar!

XXXVI.

Los suspiros son aire y van al aire!
Las lágrimas son agua y van al mar!
Dime, mujer, cuando el amor se olvida
¿sabes tú adónde va?

XXXVII.

¿A qué me lo decís? Lo sé: es mudable,
es altanera y vana y caprichosa;
antes que el sentimiento de su alma,
brotará el agua de la estéril roca.

Sé que en su corazón, nido de sierpes,
no hay una fibra que al amor responda;
que es una estatua inanimada..., pero...
¡es tan hermosa!

XXXVIII.

Su mano entre mis manos,
sus ojos en mis ojos,
la amorosa cabeza
apoyada en mi hombro,

¡Dios sabe cuántas veces,
con paso perezoso,
hemos vagado juntos
bajo los altos olmos
que de su casa prestan
misterio y sombra al pórtico!
Y ayer... un año apenas,
pasando como un soplo
con qué exquisita gracia
con qué admirable aplomo,
me dijo al presentarnos
un amigo oficioso:
"Creo que alguna parte
he visto a usted" ¡Ah, bobos
que sois de los salones
comadres de buen tono,
y andáis por allí a caza
de galantes embrollos.
¡Qué historia habéis perdido!
¡Qué manjar tan sabroso!
para ser devorado
"soto voce" en un corro,
detrás de abanico
de plumas de oro!

¡Discreta y casta luna,
copudos y altos olmos,
paredes de su casa,
umbrales de su pórtico,
callad, y que en secreto
no salga con vosotros!
Callad; que por mi parte
lo he vivido todo:
y ella..., ella..., ¡no hay máscara
semejante a su rostro!

XXXIX.

Tú eras el huracán y yo la alta
torre que desafía su poder:
¡tenías que estrellarte o que abatirme!
¡No pudo ser!

Tú eras el océano y yo la enhiesta
roca que firme aguarda su vaivén:
¡tenías que romperte o que arrancarme! ...
¡No pudo ser!

Hermosa tú, yo altivo; acostumbrados
uno a arrollar, el otro a no ceder:
la senda estrecha, inevitable el choque ...
¡No pudo ser!

XL.

Cuando me lo contaron sentí el frío
de una hoja de acero en las entrañas,
me apoyé contra el muro, y un instante
la conciencia perdí de donde estaba.

Cayó sobre mi espíritu la noche,
en ira y en piedad se anegó el alma,
¡Y entonces comprendi por qué se llora,
Y entonces comprendi por qué se mata!

Pasó la nube de dolor..., con pena
logré balbucear breves palabras...
¿Quién me dio la noticia?... Un fiel amigo
¡Me hacia un gran favor!... Le di las gracias.

XLI.

Dejé la luz a un lado, y en el borde
de la revuelta cama me senté,
Mudo, sombrío, la pupila inmóvil
clavada en la pared.

¿Qué tiempo estuve así? No sé: al dejarme
la embriaguez horrible de dolor,
expiraba la luz y en mis balcones
reía el sol.

Ni sé tampoco en tan terribles horas
en qué pensaba o que pasó por mí;
solo recuerdo que lloré y maldije,
y que en aquella noche envejecí.

XLII.

Como en un libro abierto
leo de tus pupilas en el fondo;
¿a qué fingir el labio
risas que se desmienten con los ojos?

¡Llora! No te avergüences
de confesar que me quisiste un poco.
¡Llora! Nadie nos mira!
Ya ves: soy un hombre... ¡y también lloro!

XLIII.

En la clave del arco ruinoso
cuyas piedras el tiempo enrojeció,
obra de un cincel rudo campeaba
el gótico blasón.

Penacho de su yelmo de granito,
la yedra que colgaba en derredor
daba sombra al escudo en que una mano
tenía un corazón.

A contemplarle en la desierta plaza
nos paramos los dos:
Y, "ése, me dijo, es el cabal emblema
de mi constante amor".

¡Ay!, y es verdad lo que me dijo entonces:
Verdad que el corazón
lo llevará en la mano..., en cualquier parte....
pero en el pecho, no.

XLIV.

Me ha herido recatándose en las sombras,
    sellando con un beso su traición.
Los brazos me echó al cuello y por la espalda
    partióme a sangre fría el corazón.
    Y ella prosigue alegre su camino,
feliz, risueña, impávida. ¿Y por qué?
Porque no brota sangre de la herida.
    Porque el muerto está en pie.

XLV.

Yo me he asomado a las profundas simas
    de la tierra y del cielo
y les he visto el fin con los ojos
    o con el pensamiento.

Mas, ¡ay! de un corazón llegué al abismo,
    y me incliné por verlo,
y mi alma y mis ojos se turbaron:
    ¡tan hondo era y tan negro!

XLVI.

Como se arranca el hierro de una herida
su amor de las entrañas me arranqué,
aunque sentí al hacerlo que la vida
me arrancaba con él.

Del altar que le alcé en el alma mía
la voluntad su imagen arrojó,
y la luz de la fe que en ella ardía
ante el ara desierta se apagó.

Aún turbando en la noche el firme empeño
viene en la idea su visión tenaz...
¡Cuándo podré dormir con ese sueño
En que acaba el soñar!

XLVII.

Alguna vez la encuentro por el mundo,
y pasa junto a mí;
y pasa sonriéndose, y yo digo:
"¿Cómo puede reír?"
Luego asoma a mi labio otra sonrisa,
máscara del dolor,
y entonces pienso: "¡Acaso ella se ríe,
como me río yo!"

XLVIII.

Lo que el salvaje que con torpe mano
hace de un tronco a su capricho un dios,
y luego ante su obra se arrodilla,
eso hicimos tú y yo.

Dimos formas reales a un fantasma,
de la mente ridícula invención,
y hecho el ídolo ya, sacrificamos
en su altar nuestro amor.

XLIX.

De lo poco de vida que me resta
diera con gusto los mejores años,
por saber lo que a otros
de mí has hablado.

Y esta vida mortal... y de la eterna
lo que me toque, si me toca algo,
por saber lo que a solas
de mí has pensado.

L.

Olas gigantes que os rompéis bramando
en las playas desiertas y remotas,
envuelto entre la sábana de espumas,
¡llevadme con vosotras!

Ráfagas de huracán que arrebatáis
del alto bosque las marchitas hojas,
arrastrado en el ciego torbellino,
¡llevadme con vosotras!

Nubes de tempestad que rompe el rayo
y en fuego encienden las sangrientas orlas,
arrebatado entre la niebla oscura,
¡llevadme con vosotras!

Llevadme por piedad a donde el vértigo
con la razón me arranque la memoria.
¡Por piedad!, ¡tengo miedo de quedarme
con mi dolor a solas!

LI.

Volverán las oscuras golondrinas
en tu balcón sus nidos a colgar,
y otra vez con el ala a sus cristales
jugando llamarán.

Pero aquellas que el vuelo refrenaban
tu hermosura y mi dicha a contemplar,
aquellas que aprendieron nuestros nombres,
ésas... ¡no volverán!

Volverán las tupidas madreselvas
de tu jardín las tapias a escalar
y otra vez a la tarde aún más hermosas
sus flores se abrirán.

Pero aquellas cuajadas de rocío
cuyas gotas mirábamos temblar
y caer como lágrimas del día....
ésas... ¡no volverán!

Volverán del amor en tus oídos
las palabras ardientes a sonar,
tu corazón de su profundo sueño
tal vez despertará.

Pero mudo y absorto y de rodillas,
como se adora a Dios ante su altar,
como yo te he querido..., desengáñate,
¡así no te querrán!

LII.

Cuando volvemos las fugaces horas
del pasado a evocar,
temblando brilla en sus pestañas negras
una lágrima pronta a resbalar.

Y al fin resbala y cae como gota
del rocío al pensar
que cual hoy por ayer, por hoy mañana
volveremos los dos a suspirar.

LIII.

Entre el discorde estruendo de la orgía
acarició mi oído,
como nota de lejana música,
el eco de un suspiro.

El eco de un suspiro que conozco,
formado de un aliento que he bebido,
perfume de una flor que oculta crece
en un claustro sombrío.

Mi adorada de un día, cariñosa,
"¿en qué piensas ?", me dijo:
"En nada..." "¿En nada y lloras?"
"Es que tengo alegre la tristeza y triste el vino".

LIV.

Hoy como ayer, mañana como hoy
¡y siempre igual!
Un cielo gris, un horizonte eterno
y andar..., andar.

Moviéndose a compás como una estúpida
máquina, el corazón;
la torpe inteligencia del cerebro
dormida en un rincón.

El alma, que ambiciona un paraíso,
buscándole sin fe;
fatiga sin objeto, ola que rueda
ignorando por qué.

Voz que incesante con el mismo tono
canta el mismo cantar;
gota de agua monótona que cae,
y cae sin cesar.

Así van deslizándose los días
unos de otros en pos,
hoy lo mismo que ayer..., y todos ellos
sin goce ni dolor.

¡Ay!, ¡a veces me acuerdo suspirando
del antiguo sufrir...
Amargo es el dolor; ¡pero siquiera
padecer es vivir!

LV.

Este armazón de huesos y pellejo
de pasear una cabeza loca
cansado se halla al fin, y no lo extraño;
pues, aunque es la verdad que no soy viejo,

de la parte de vida que me toca
en la vida del mundo, por mi daño
he hecho un uso tal, que juraría
que he condensado un siglo en cada día.

Así, aunque ahora muriera,
no podría decir que no he vivido;
que el sayo, al parecer nuevo por fuera,
conozco que por dentro ha envejecido.

Ha envejecido, sí, ¡pese a mi estrella!,
harto lo dice ya mi afán doliente;
que hay dolor que al pasar su horrible huella
graba en el corazón, si no en la frente.

LVI.

¿Quieres que de ese néctar delicioso
no te amargue la hez?
pues aspírale, acércale a tus labios
y déjale después.

¿Quieres que conservemos una dulce
memoria de este amor?
Pues amémonos hoy mucho y mañana
digámonos ¡adiós!

LVII.

Yo sé cuál el objeto
de tus suspiros es;
yo conozco la causa de tu dulce
secreta languidez.
¿Te ríes?... Algún día
sabrás, niña, por qué:
tú lo sabes apenas
y yo lo sé.

Yo sé cuando tu sueñas,
y lo que en sueños ves;
como en un libro puedo lo que callas
en tu frente leer.
¿Te ríes?... Algún día
sabrás, niña, por qué:
tú lo sabes apenas
y yo lo sé.

Yo sé por qué sonríes
y lloras a la vez.
yo penetro en los senos misteriosos
de tu alma de mujer.
¿Te ríes?... Algún día
sabrás, niña, por qué:
mientras tu sientes mucho y nada sabes,
yo que no siento ya, todo lo sé.

Mi vida es un erial,
flor que toco se deshoja;
que en mi camino fatal
alguien va sembrando el mal
para que yo lo recoja.

LVIII.

Al ver mis horas de fiebre
e insomnio lentas pasar,
a la orilla de mi lecho,
¿quién se sentará?

Cuando la trémula mano
tienda próximo a expirar
buscando una mano amiga,
¿quién la estrechará?

Cuando la muerte vidríe
de mis ojos el cristal,
mis párpados aún abiertos,
¿quién los cerrará?

Cuando la campana suene
(si suena en mi funeral),
una oración al oírla,
¿quién murmurará?

Cuando mis pálidos restos
oprima la tierra ya,
sobre la olvidada fosa.
¿quién vendar a llorar?

¿Quién en fin al otro día,
cuando el sol vuelva a brillar,
de que pasé por el mundo,
¿quién se acordará?

LIX.

Primero es un albor trémulo y vago,
raya de inquieta luz que corta el mar;
luego chispea y crece y se difunde
en ardiente explosión de claridad.

La brilladora lumbre es la alegría;
la temerosa sombra es el pesar;
¡Ay!, en la oscura noche de mi alma,
¿cuándo amanecerá?

LX.

Como enjambre de abejas irritadas,
de un obscuro rincón de la memoria
salen a perseguirnos los recuerdos
de las pasadas horas.

Yo los quiero ahuyentar. ¡Esfuerzo tan inútil!
Me rodean, me acosan,
y unos tras otros a clavarme vienen
el agudo aguijón que el alma encona.

LXI.

Como guarda el avaro su tesoro,
guardaba mi dolor;
le quería probar que hay algo eterno
a la que eterno me juró su amor.

Mas hoy le llamo en vano y oigo al tiempo
que le agotó, decir:
"¡Ah, barro miserable, eternamente
no podrás ni aun sufrir!

LXII.

Llegó la noche y no encontré un asilo,
¡y tuve sed...!, mis lágrimas bebí;
¡y tuve hambre! ¡Los hinchados ojos
cerré para morir!

¡Estaba en un desierto! Aunque a mi oído
de las turbas llegaba el ronco hervir,
yo era huérfano y pobre... ¡El mundo estaba
desierto... para mí!

LXIII.

¿De dónde vengo..? El más horrible y áspero
de los senderos busca:
Las huellas de unos pies ensangrentados
sobre la roca dura;

los despojos de un alma hecha jirones
en las zarzas agudas,
te dirán el camino
que conduce a mi cuna.

¿A dónde voy? El más sombrío y triste
de los páramos cruza,
valle de eternas nieves y de eternas
melancólicas brumas.

En donde esté una piedra solitaria
sin inscripción alguna,
donde habite el olvido,
allí estará mi tumba.

LXIV.

¡Qué hermoso es ver el día
coronado de fuego levantarse,
y a su beso de lumbre
brillar las olas y encenderse el aire!

¡Qué hermoso es tras la lluvia
del triste otoño en la azulada tarde,
de las húmedas flores
el perfume beber hasta saciarse!

¡Qué hermoso es cuando en copos
la blanca nieve silenciosa cae,
de las inquietas llamas
ver las rojizas lenguas agitarse!

¡Qué hermoso es cuando hay sueño
dormir bien... y roncar como un sochantre...
y comer... y engordar... y qué desgracia
que esto solo no baste!

LXV.

No sé lo que he soñado
en la noche pasada;
triste muy triste debió ser el sueño,
pues despierto la angustia me duraba.

Noté al incorporarme
húmeda la almohada,
y por primera vez sentí al notarlo
de un amargo placer henchirse el alma.

Triste cosa es el sueño
que llanto nos arranca,
mas tengo en mi tristeza una alegría...
sé que aún me quedan lágrimas.

LXVI.

Al brillar un relámpago nacemos
y aún dura su fulgor cuando morimos;
¡Tan corto es el vivir!

La gloria y el amor tras que corremos
sombras de un sueño son que perseguimos:
¡Despertar es morir!

LXVII.

¡Cuántas veces al pie de las musgosas
paredes que la guardan,
oí la esquila que al mediar la noche
a los maitines llama!

¡Cuántas veces trazó mi silueta
la luna plateada,
junto a la del ciprés que de su huerto
se asoma por las tapias!

Cuando en sombras la iglesia se envolvía,
de su ojiva calada,
¡cuántas veces temblar sobre los vidrios
vi el fulgor de la lámpara!

Aunque el viento en los ángulos oscuros
de la torre silbara,
del coro entre las voces percibía
su voz vibrante y clara.

En las noches de invierno, si un medroso
por la desierta plaza
se atrevía a cruzar, al divisarme,
el paso aceleraba.

Y no faltó una vieja que en el torno
dijese a la mañana
que de algún sacristán muerto en pecado
era yo el alma.

A oscuras conocía los rincones
del atrio y la portada;
de mis pies las ortigas que allí crecen
las huellas tal vez guardan.

Los búhos, que espantados me seguían
con sus ojos de llamas,
llegaron a mirarme con el tiempo
como a un buen camarada.

A mi lado sin miedo los reptiles
se movían a rastras;
¡hasta los mudos santos de granito
creo que me saludaban!

LXVIII.

No dormía; vagaba en ese limbo
en que cambian de forma los objetos,
misteriosos espacios que separan
la vigilia del sueño.

Las ideas que en ronda silenciosa
daban vueltas en torno a mi cerebro,
poco a poco en su danza se movían
con un compás más lento.

De la luz que entra al alma por los ojos
los párpados velaban el reflejo;
pero otra luz el mundo de visiones
alumbraba por dentro.

En este punto resonó en mi oído
un rumor semejante al que en el templo
vaga confuso al terminar los fieles
con un amén sus rezos.

Y oí como una voz delgada y triste
que por mi nombre me llamó a lo lejos,
y sentí olor de cirios apagados,
de humedad y de incienso.
....

Entró la noche, y del olvido en brazos
caí, cual piedra, en su profundo seno.
No obstante al despertar exclamé:
"¡Alguno que yo quería ha muerto!"

LXIX.

Primera voz
Las ondas tienen vaga armonía,
Las violetas suave olor,
brumas de plata la noche fría,
luz y oro el día;
yo algo mejor:
¡yo tengo Amor!

Segunda voz
Aura de aplausos, nube rabiosa,
ola de envidia que besa el pie.
isla de sueños donde reposa
el alma ansiosa.
¡dulce embriaguez
la Gloria es!

Tercera voz
Ascua encendida es el tesoro,
sombra que huye la vanidad,
todo es mentira: la gloria, el oro.
Lo que yo adoro
sólo es verdad:
¡la Libertad!
Así los barqueros pasaban cantando
la eterna canción,
y al golpe del remo saltaba la espuma
y heríala el sol.
"¿Te embarcas?", gritaban, y yo sonriendo
les dije al pasar:
"ha tiempo lo hice, por cierto que aun tengo
la ropa en la playa tendida a secar.

LXX.

Cerraron sus ojos
que aún tenía abiertos,
taparon su cara
con un blanco lienzo,
y unos sollozando,
otros en silencio,
de la triste alcoba
todos se salieron.

La luz que en un vaso
ardía en el suelo,
al muro arrojaba
la sombra del lecho,
y entre aquella sombra
veíase a intérvalos
dibujarse rígida
la forma del cuerpo.

Despertaba el día
y a su albor primero
con sus mil ruidos
despertaba el pueblo.
Ante aquel contraste
de vida y misterio,
de luz y tinieblas,
yo pensé un momento:
"¡Dios mío, qué solos
se quedan los muertos!"

De la casa, en hombros,
lleváronla al templo,
y en una capilla
dejaron el féretro.
Allí rodearon
sus pálidos restos
de amarillas velas
y de paños negros.

Al dar de las ánimas
el toque postrero,
acabó una vieja
sus últimos rezos,
cruzó la ancha nave,
las puertas gimieron
y el santo recinto
quedóse desierto.

De un reloj se oía
compasado el péndulo
y de algunos cirios
el chisporroteo.
Tan medroso y triste,
tan oscuro y yerto
todo se encontraba
que pensé un momento:
"¡Dios mío, qué solos
se quedan los muertos!"

De la alta campana
la lengua de hierro
le dio volteando
su adiós lastimero.
El luto en las ropas,
amigos y deudos
cruzaron en fila,
formando el cortejo.

Del último asilo,
oscuro y estrecho,
abrió la piqueta
el nicho a un extremo;
allí la acostaron,
tapiáronla luego,
y con un saludo
despidióse el duelo.

La piqueta al hombro
el sepulturero,
cantando entre dientes,
se perdió a lo lejos.
La noche se entraba,
el sol se había puesto:
perdido en las sombras
yo pensé un momento:
"¡Dios mío, qué solos
se quedan los muertos!"

En las largas noches
del helado invierno,
cuando las maderas
crujir hace el viento
y azota los vidrios
el fuerte aguacero,
de la pobre niña
a veces me acuerdo.

Allí cae la lluvia
con un son eterno;
allí la combate
el soplo del cierzo.
Del húmedo muro
tendida en el hueco,
¡acaso de frío
se hielan los huesos...!

....

¿Vuelve el polvo al polvo?
¿Vuela el alma al cielo?
¿Todo es, sin espíritu,
podredumbre y cieno?
¡No sé; pero hay algo
que explicar no puedo,
que al par nos infunde
repugnancia y duelo,
a dejar tan tristes,
tan solos los muertos.

LXXI.

Las ropas desceñidas,
desnudas las espadas,
en el dintel de oro de la puerta
dos ángeles velaban.

Me aproximé a los hierros
que defienden la entrada,
y de las dobles rejas en el fondo
la vi confusa y blanca.

La vi como la imagen
que en un ensueño pasa,
como un rayo de luz tenue y difuso
que entre tinieblas nada.

Me sentí de un ardiente
deseo llena el alma;
¡como atrae un abismo, aquel misterio
hacía si me arrastraba!

Mas, ¡ay!, que de los ángeles
parecían decirme las miradas:
"¡El umbral de esta puerta
sólo Dios lo traspasa!"

LXXII.

¿Será verdad que cuando toca el sueño
con sus dedos de rosa nuestros ojos,
de la cárcel que habita huye el espíritu
en vuelo presuroso?

¿Será verdad que, huésped de las nieblas,
de la brisa nocturna al tenue soplo,
alado sube a la región vacía
a encontrarse con otros?

¿Y allí desnudo de la humana forma,
allí los lazos terrenales rotos,
breves horas habita de la idea
el mundo silencioso?

¿Y ríe y llora y aborrece y ama
y guarda un rastro del dolor y el gozo,
semejante al que deja cuando cruza
el cielo un meteoro?

¡Yo no sé si ese mundo de visiones
vive fuera o va dentro de nosotros:
lo que sé es que conozco a muchas gentes
a quienes no conozco!

LXXIII.

En la imponente nave
del templo bizantino,
vi la gótica tumba a la indecisa
luz que temblaba en los pintados vidrios.

Las manos sobre el pecho,
y en las manos un libro,
una mujer hermosa reposaba
sobre la urna del cincel prodigio.

Del cuerpo abandonado
al dulce peso hundido,
cual si de blanda pluma y raso fuera
se plegaba su lecho de granito.

De la sonrisa última
el resplandor divino
guardaba el rostro, como el cielo guarda
del sol que muere el rayo fugitivo.

Del cabezal de piedra
sentados en el filo,
dos ángeles, el dedo sobre el labio,
imponían silencio en el recinto.

No parecía muerta;
de los arcos macizos
parecía dormir en la penumbra
y que en sueños veía el paraíso.

Me acerqué de la nave
al ángulo sombrío,
con el callado paso que se llega
junto a la cuna donde duerme un niño.

La contemplé un momento
y aquel resplandor tibio,
aquel lecho de piedra que ofrecía
próximo al muro otro lugar vacío.

En el alma avivaron
la sed de lo infinito,
el ansia de esa vida de la muerte,
para la que un instante son los siglos...

....

Cansado del combate
en que luchando vivo,
alguna vez me acuerdo con envidia
de aquel rincón oscuro y escondido.

De aquella muda y pálida
mujer me acuerdo y digo:
"¡Oh, qué amor tan callado el de la muerte!
¡Qué sueño el del sepulcro tan tranquilo!"

LXXIV.

Dices que tienes corazón y sólo
lo dices porque sientes sus latidos.
Eso no es corazón...; es una máquina
que al compás que se mueve hace ruido.

LXXV.

Fingiendo realidades
con sombra vana,
delante del Deseo
va la Esperanza.
Y sus mentiras
como el Fénix renacen
de sus cenizas.

LXXVI.

Flores tronchadas, marchitas hojas
arrastra el viento;
en los espacios tristes gemidos
repite el eco.

....

Entre las nieblas de lo pasado,
en las regiones del pensamiento,
gemidos tristes, marchitas galas
son mis recuerdos.

LXXVII.

Una mujer me ha envenenado el alma
otra mujer me ha envenenado el cuerpo;
ninguna de las dos vino a buscarme,
yo, de ninguna de las dos me quejo.

Como el mundo es redondo, el mundo rueda.
Si mañana, rodando, este veneno
envenena a su vez, ¿porqué acusarme?
¿Puedo dar más de lo que a mí me dieron?

LXXVIII.

Es el alba una sombra
de tu sonrisa,
y un rayo de tus ojos
la luz del día;
pero tu alma
es la noche de invierno
negra y helada.

LXXIX.

Errante por el mundo fui gritando:
"La gloria, ¿dónde está?"
Y una voz misteriosa contestóme:
"Más allá..., más allá..."

En pos de ella seguí por el camino
que la voz me marcó.
Hállela al fin, pero en aquel instante
el humo se trocó.

Mas el humo, formando denso velo,
se empezó a remontar
y, penetrando en la azulada esfera,
al cielo fue a parar

LXXX.

Negros fantasmas,
nubes sombrías,
huyen ante el destello
de luz divina.
Esa luz santa,
niña de los ojos negros,
es la esperanza.

Al calor de sus rayos,
mi fe gigante
contra desdenes lucha
sin amenguarse
en este empeño
es, si grande el martirio,
mayor el premio.

Y si aún muestras, esquiva,
alma de nieve;
si aún no me quisieras,
yo he de quererte.
Mi amor es roca
donde se estrellan tímidas
del mar las olas.

LXXXI.

Yo soy el rayo, la dulce brisa,
lágrima ardiente, fresca sonrisa,
flor peregrina, rama tronchada;
yo soy quien vibra, flecha acerada.

Hay en mi esencia, como en las flores
de mil perfumes, suaves vapores,
y su fragancia fascinadora,
trastorna el alma de quien adora.
Yo mis aromas doquier prodigo
ya el más horrible dolor mitigo,
y en grato, dulce, tierno delirio
cambio el más duro, cruel martirio.
¡Ah!, yo encadeno los corazones,
más son de flores los eslabones.
Navego por los mares,
voy por el viento
alejo los pesares
del pensamiento.
yo, en dicha o pena,
reparto a los mortales
con faz serena.
Poder terrible, que en mis antojos
brota sonrisas o brota enojos;
poder que abrasa un alma helada,
si airado vibro flecha acerada.

Doy las dulces sonrisas a las hermosas;
coloro sus mejillas de nieve y rosas;
humedezco sus labios, y sus miradas
hago prometer dichas no imaginadas.
Yo hago amable el reposo, grato, halagüeño,
o alejo de los seres el dulce sueño,

Todo a mi poderío rinde homenaje;
todo a mi corona dan vasallaje.
Soy Amor, rey del mundo, niña tirana,
ámame, y tú la reina
serás mañana.

LXXXII.

¿No has sentido en la noche,
cuando reina la sombra
una voz apagada que canta
y una inmensa tristeza que llora?

¿No sentiste en tu oído de virgen
las silentes y trágicas notas
que mis dedos de muerto arrancaban
a la lira rota?

¿No sentiste una lágrima mía
deslizarse en tu boca,
ni sentiste mi mano de nieve
estrechar a la tuya de rosa?

¿No viste entre sueños
por el aire vagar una sombra,
ni sintieron tus labios un beso
que estalló misterioso en la alcoba?

Pues yo juro por ti, vida mía,
que te vi entre mis brazos, miedosa;
que sentí tu aliento de jazmín y nardo
y tu boca pegada a mi boca.

LXXXIII.

Yo me acogí, como perdido nauta,
a una mujer, para pedirle amor,
y fue su amor cansancio a mis sentidos,
hielo a mi corazón.

Y quedé, de mi vida en la carrera,
que un mundo de esperanza ayer pobló,
como queda un viandante en el desierto:
¡A solas con Dios!

LXXXIV.

¡Quién fuera luna,
quién fuera brisa,
quién fuera sol!
....
¡Quién del crepúsculo
fuera la hora,
quién el instante
de tu oración!
¡Quién fuera parte
de la plegaria
que solitaria
mandas a Dios!
....
¡Quién fuera luna
quién fuera brisa,
quién fuera sol! ...

LXXXV.

Apoyando mi frente calurosa
en el frío cristal de la ventana,
en el silencio de la oscura noche
de su balcón mis ojos no apartaba.

En medio de la sombra misteriosa
su vidriera lucía iluminada,
dejando que mi vista penetrase
en el puro santuario de su estancia.

Pálido como el mármol el semblante;
la blonda cabellera destrenzada,
acariciando sus sedosas ondas,
sus hombros de alabastro y su garganta,
mis ojos la veían, y mis ojos
al verla tan hermosa, se turbaban.

Mirábase al espejo; dulcemente
sonreía a su bella imagen lánguida,
y sus mudas lisonjas al espejo
con un beso dulcísimo pagaba...

Mas la luz se apagó; la visión pura
desvanecióse como sombra vana,
y dormido quedé, dándome celos
el cristal que su boca acariciara.

LXXXVI.

Si copia tu frente
del río cercano la pura corriente
y miras tu rostro del amor encendido,
soy yo, que me escondo
del agua en el fondo
y, loco de amores, a amar te convido;
soy yo, que, en tu pecho buscada morada,
envío a tus ojos mi ardiente mirada,
mi blanca divina...
y el fuego que siento la faz te ilumina.

Si en medio del valle
en tardo se trueca tu amor animado,
vacila tu planta, se pliega tu talle...
soy yo, dueño amado,
que, en no vistos lazos
de amor anhelante, te estrecho en mis brazos;
soy yo quien te teje la alfombra florida
que vuelve a tu cuerpo la fuerza de la vida;
soy yo, que te sigo
en alas del viento soñando contigo.

Si estando en tu lecho
escuchas acaso celeste armonía
que llena de goces tu cándido pecho,
soy yo, vida mía...;
soy yo, que levanto
al cielo tranquilo mi férvido canto;
soy yo, que, los aires cruzando ligero
por un ignorado, movible sendero,
ansioso de calma,
sediento de amores, penetro en tu alma.

LXXXVII.

Es un sueño la vida,
pero un sueño febril que dura un punto;
Cuando de él se despierta,
se ve que todo es vanidad y humo...
¡Ojalá fuera un sueño
muy largo y muy profundo,
un sueño que durara hasta la muerte!...
Yo soñaría con mi amor y el tuyo.

LXXXVIII.

Podrá nublarse el sol eternamente;
podrá secarse en un instante el mar;
podrá romperse el eje de la tierra
como un débil cristal.

¡Todo sucederá! Podrá la muerte
cubrirme con su fúnebre crespón;
pero jamás en mí podrá apagarse
la llama de tu amor.

LXXXIX.

Tu aliento es el aliento de las flores,
tu voz es de los cisnes la armonía;
es tu mirada el esplendor del día,
y el color de la rosa es tu color.
Tú prestas nueva vida y esperanza
a un corazón para el amor ya muerto:
tú creces de mi vida en el desierto
como crece en un páramo la flor.

XC.

Para que los leas con tus ojos grises,
para que los cantes con tu clara voz,
para que llenen de emoción tu pecho,
    hice mis versos yo.

Para que encuentren en tu pecho asilo
y les des juventud, vida, calor,
tres cosas que yo no puedo darles,
    hice mis versos yo.

Para hacerte gozar con mi alegría,
para que sufras tú con mi dolor,
para que sientas palpitar mi vida,
    hice mis versos yo.

Para poder poner ante tus plantas
la ofrenda de mi vida y de mi amor,
con alma, sueños rotos, risas, lágrimas,
    hice mis versos yo.

XCI.

Patriarcas que fuisteis la semilla
del árbol de la fe en siglos remotos,
al vencedor divino de la muerte
rogadle por nosotros.

Profetas que rasgasteis inspirados
del porvenir el velo misterioso,
al que sacó la luz de las tinieblas
rogadle por nosotros.

Almas cándidas, Santos Inocentes,
que aumentáis de los ángeles el coro,
al que llamó a los niños de su lado
rogadle por nosotros.

Apóstoles que echasteis en el mundo
de la Iglesia el cimiento poderoso,
al que es de la verdad depositario
rogadle por nosotros.

Mártires que ganasteis vuestra palma
en la arena del circo, en sangre rojo, al que os dio fortaleza en los combates
rogadle por nosotros.

Vírgenes semejantes a azucenas
que el verano vistió de nieve y oro
al que es fuente de vida y hermosura
rogadle por nosotros.

Monjes que de la vida en el combate
pedisteis paz al claustro silencioso,
al que es iris de calma en las tormentas
rogadle por nosotros.

Doctores cuyas plumas nos legaron
de virtud y saber rico tesoro,
al que es raudal de ciencia inextinguible
rogadle por nosotros.

Soldados del Ejército de Cristo,
Santas y Santos todos,
rogadle que perdone nuestras culpas
a Aquél que vive y reina entre vosotros.

XCII.

La gota de rocío que en el cáliz
duerme de la blanquísima azucena,
es el palacio de cristal en donde,
vive el genio feliz de la pureza.

Él le da su misterio y poesía;
él, su aroma balsámico le presta.
¡ Ay de la flor, si de la luz al beso
se evapora esa perla !

XCIII.

Lejos y entre los árboles
de la intrincada selva,
¿no ves algo que brilla
y llora? Es una estrella.

Ya se la ve más próxima,
como a través de un tul
de una ermita en el pórtico
brillar. Es una luz.

De la carrera rápida
el término está aquí.
Desilusión. No es lámpara ni estrella
la luz que hemos seguido: es un candil.

Ebenfalls erhältlich:

Emilia Pardo Bazán „la gota de sangre"
1. Auflage 2010   Seitenzahl: 76   ISBN/EAN: 9783867414104
www.ehv-online.com

Emilia Pardo Bazán (1852-1921), war eine spanische Schriftstellerin, die mit Ihren Werken wesentlich zum Spanischen Naturalismus beigetragen hat. Mit „La Gota de Sangre" folgte sie ihrer Leidenschaft für Verbrechen und das Mystische und schrieb einen ihrer bekanntesten Kriminalromane.
Dieser Roman handelt von Ignacio Selva, der angetrieben durch seine Leidenschaft für Kriminalromane beginnt als Detektiv tätig zu werden. Dabei muss er ein Verbrechen innerhalb seines Freundeskreises lösen, um seine eigene Unschuld beweisen zu können.

Emilia Pardo Bazán (1852-1921) fue una novelista que contribuye mucho al naturalismo español con sus obras. Llevada por su fascinación al crimen y al misterio, escribió "La gota de sangre", una novela policíaca famosa.
Este novela trata de Ignacio Selva, un hombre aficionado a leer novelas policíacas que se convierte en detective, ya que se ve obligado a resolver un crimen, acontecido en su círculo de amistades, para demostrar su propia inocencia.